AF509388

LES

# VOLONTAIRES

## DU NORD ET DU PAS-DE-CALAIS

DANS

## LA DÉFENSE NATIONALE

### 1791-1795

LILLE
IMPRIMERIE LEFEBVRE-DUCROCQ
Rue de Tournai, 88

—

1905

LES

# VOLONTAIRES

## DU NORD ET DU PAS-DE-CALAIS

DANS

## LA DÉFENSE NATIONALE

### 1791-1795

LILLE

IMPRIMERIE LEFEBVRE-DUCROCQ

Rue de Tournai, 88

—

1905

# AVANT-PROPOS

ors du Centenaire du siège de Lille en 1792, le Conseil Général du Nord eut la bonne pensée de publier les documents historiques de cette époque, relatant la grande part prise par le Nord et le Pas-de-Calais dans la défense nationale.

De mes lectures antérieures, j'avais réuni quelques notes sur ce concours et j'avais cru devoir les présenter à la Commission.

Certes, je n'ai pas la présomption d'avoir découvert les volontaires de la République, mais ayant remarqué que même leurs plus ardents adversaires n'avaient pas hésité à reconnaître avec quelle spontanéité les départements frontières avaient répondu à l'appel de la patrie, et les réelles qualités militaires qu'ils offrirent, j'étais heureux de rappeler ce juste éloge rendu à nos pères.

J'avais conçu mon relevé de façon à le rendre bien compréhensible, car il faut un peu d'étude pour se reconnaître dans les appels, les levées et les amalgames successifs effectués au milieu des combats de chaque jour, dans dix armées différentes. J'avais espéré que c'était assez intéressant, selon moi, pour figurer utilement dans les pièces accessoires de ce grand travail.

Il ne fut pas jugé ainsi, et en nous reportant au tome second de la *Défense Nationale*, pages 721 et suivantes, nous n'y trouvons que des extraits peu attrayants ; mes tableaux, bien vivants et curieux pour leur chronologie, permettaient, encadrés dans leur texte, de suivre aisément les diverses transformations de nos bataillons. Ils y sont morcelés par coupures et perdent leur signification.

Les éloges immérités que j'y reçois (car je ne suis jamais allé au ministère de la guerre où, du reste, n'entre pas qui veut), équivalent à un bel enterrement.

N'ayant pas d'ambition, j'avais accepté cela, mais depuis j'ai réfléchi que sur mon canevas pourrait s'éveiller la curiosité des amateurs d'histoire locale, qui pourraient peut-être, plus heureux que moi, combler les lacunes que j'ai trouvées dans mes recherches. C'est pourquoi je me décide à publier, tel qu'il fut adressé alors, le recueil de mes notes.

On objectera que je choisis mal mon temps, les choses militaires n'étant plus en faveur dans ce moment. Leur dénigrement systématique s'étendrait-il jusqu'aux héros obscurs de la grande époque ? Ce serait alors un effet de l'ignorance ou de l'inconscience, fruits amers de notre temps agité et qui nous empêchent de voir juste. Ces défaillances passeront, et, ainsi qu'on retrouve souvent chez les jeunes enfants les traits des anciens parents, notre caractère national clair et vaillant reprendra le dessus et notre loyale France n'aura plus alors qu'une admiration reconnaissante pour les hommes désintéressés qui surent mourir si glorieusement pour sa défense.

J'ai confiance en cette génération nouvelle (que je ne verrai pas), et je salue son aurore consolatrice, en lui dédiant cette étude, dont les dernières lignes traduisent toute ma pensée :

Pour la Patrie, pour son honneur, pour sa liberté.

A. DEFRANCE.

*Le Vésinet, octobre 1905*

# LES VOLONTAIRES

## DU NORD ET DU PAS-DE-CALAIS

### dans la Défense Nationale (1791-1795)

« Une patrie se compose des morts qui
» l'ont fondée et des vivants qui la
» continuent. »
        RENAN.

Il n'est que juste de glorifier les dévouements obscurs mais sublimes qui marquèrent les luttes de notre indépendance nationale. Pauvres grands aïeux, dont le sang fertilise encore nos campagnes de Flandre et du Hainaut, qui leur doivent d'être restées françaises et dont l'histoire semble déjà oubliée ! Nous vous devons ce que nous sommes et votre souvenir se perd, notre ingratitude ne vous a même pas élevé le dernier gage du respect filial : un monument qui rappelle l'exemple de vos vertus !

On n'est cependant pas indifférent sur notre frontière du Nord à ce sentiment de la Patrie. La période fiévreuse où nous vivons, la lutte pour la vie (selon l'expression du jour) absorbe tout le monde ; le passé, qui n'a pas cent ans de date, s'efface déjà : on n'a plus le temps de le connaître. Alors c'est à ceux qui ont le goût des recherches historiques de les présenter condensées. J'ai essayé de retrouver les vestiges de nos grands-pères au moment de la Révolution française : je n'aurai pas perdu mon temps si je puis éveiller la curiosité et l'intérêt. Que de tableaux dans nos musées seraient contemplés avec orgueil, que de pages vibrantes de nos auteurs seraient lues avec émotion, si nous connaissions mieux cette période si intéressante. Si l'on pouvait réveiller un peu l'esprit d'investigation dans les archives des communes et dans celles des familles, qui conservent, avec juste raison, les certificats, brevets de grades, décrets pour armes d'honneur, vieilles correspondances des ancêtres, quel beau livre d'or nous pourrions consacrer à notre cher département !

Dès que nous feuilletons les pages de l'histoire, l'intérêt nous empoigne : bataillons de chasseurs du Mont Cassel, chasseurs du Mont des Chats, chasseurs du Hainaut, bataillons de Saint-Amand, d'Arras, de Saint-Pol, on retrouve leurs glorieuses traces à travers la grande épopée, Jemmapes, Fleurus, Wattignies, Mayence, sombre guerre de Vendée, expédition d'Irlande, bataillons de Douai, Cambrai, Valenciennes, aucune de nos villes n'y fait défaut. On les retrouve aux armées du Nord, de

Sambre-et-Meuse, du Rhin, d'Allemagne. Désenfans, chef du 1er bataillon de Lille, est général à Fleurus. Vandamme débute par commander une compagnie franche. Les cœurs peuvent-ils ne pas tressaillir de joie et d'orgueil en lisant la belle conduite du 4e bataillon de Lille au siège d'Ypres (mai 1794) ? On voulait armer une batterie de brèche, mais on manquait de chevaux pour y traîner les grosses pièces d'artillerie ; ce bataillon s'y attèle avec ardeur, et parcourant, sous un feu des plus violents, un espace découvert de 150 toises, il amène les six pièces de canon à la batterie qui fit bientôt capituler les assiégés. Le général Moreau cite le fait dans son rapport, et la Convention décrète que le 4e bataillon a bien mérité de la Patrie. Aujourd'hui cette récompense platonique peut faire sourire, elle suffisait alors à ces cœurs d'élite qui bravaient la mort chaque jour, parce que, là où était le danger, là était le devoir, là était l'honneur !

Pour les choses militaires, on ne saurait trop recommander le général Susane, qui consacra avec bonheur (comme il le dit lui-même) trente-cinq années de sa vie à reconstituer à peu près jour par jour la vie de chacun des anciens corps de l'armée française. C'est dans son *Histoire de l'infanterie française* que j'ai pu « copier » les indications de cette esquisse.

Jetons d'abord un coup d'œil sur la composition de l'armée de ligne. Elle se composait alors de 2 régiments hors classe gardes françaises, gardes suisses ; de 105 régiments de ligne et de 14 bataillons de chasseurs à pied. Il y avait 7 régiments ou bataillons coloniaux (infanterie de marine). Le tout représentait 260 bataillons. En outre il y avait 106 bataillons de troupes provinciales, qui devaient remplir le rôle d'armée de seconde ligne (attribué aujourd'hui à notre armée territoriale). Mais ces troupes ne furent pas appelées, et leurs effectifs et leurs cadres entrèrent dans la composition des bataillons de volontaires, que nous retrouvons plus loin.

L'infanterie subit successivement les plus profondes et les plus nombreuses modifications. La cavalerie, qui exige un personnel qui ne peut s'improviser, conserva, sauf quelques augmentations, son organisation première. 26 régiments de grosse cavalerie, dont un seul, le 8e, était cuirassé (c'est celui qu'on voit au musée de Lille, bataille d'Hondschoote, chassant les Anglais dans la plaine), 18 régiments de dragons, 12 de chasseurs à cheval, 6 de hussards ; en tout 248 escadrons. C'est la cavalerie légère qui fut sensiblement augmentée, en raison des services exceptionnels qu'elle rendit. Ajoutons qu'il y avait aussi 8 régiments d'artillerie.

A remarquer que l'effectif et la composition de l'armée d'alors offrent de grandes ressemblances avec l'armée que nous possédions avant la campagne de 1870.

Parlons maintenant de ces volontaires de la République, si diversement jugés. Pour les uns, ce sont des êtres privilégiés qui n'avaient qu'à paraître pour vaincre ; pour les autres, ce sont des ramassis de populace dont on ne put obtenir rien de bon. Ces jugements extrêmes sont dans le goût du moment ; le bon sens et la raison sont constamment sacrifiés à ce besoin d'exagération qui nous mine. La vérité se trouve, comme toujours, dans un milieu raisonné, où il n'est pas difficile aux esprits impartiaux de la découvrir ; c'est principalement une question de dates, aussi devra-t-on y apporter une grande attention.

Dès l'été de 1791, l'attitude hostile de la Prusse et de l'Autriche avait rendu nécessaires des mesures de précaution. Pour renforcer l'armée, toute entière aux frontières, un décret du 17 août 1791 fit appel à 101.000 hommes de bonne volonté, qui devaient se former en 169 bataillons d'environ 600 hommes. Six semaines après, le 25 septembre, le ministre de la guerre annonçait que 60 bataillons étaient rendus aux destinations assignées.

Voici ce qu'en dit le général Susane (tome 1er, page 352) : « Parmi ces » bataillons, les premiers, ceux de 1791, les vrais volontaires, furent excel- ». lents. Composés avec l'élite enthousiaste de la jeunesse de cette époque, » renfermant un grand nombre de soldats congédiés après la guerre d'Amé- » rique, une partie de leurs cadres venant des troupes provinciales qui, » surtout dans les pays de côtes et de frontières, avaient l'esprit militaire, » ces bataillons valurent bientôt les troupes de ligne et rivalisèrent avec » elles de patriotisme, de bravoure et de discipline. On doit en dire autant » de la plupart des bataillons levés dans le premier semestre de 1792. »

De nouveaux appels de volontaires, mars 1792 pour 31 nouveaux batail- lons, mai 1792 pour 14 encore ; en tout 219 bataillons, donnèrent successi- vement de moins bons résultats. Il fallut la levée en masse des jeunes hommes de 18 à 25 ans (janvier 1793) pour atteindre le chiffre de 454 batail- lons, mais on le voit, cette dernière catégorie ne pouvait, raisonnablement, prendre le titre de volontaires.

Reprenons notre auteur, pour montrer qu'il n'est pas susceptible de partialité : « Quant aux bataillons organisés fin de 1792 et sous le régime » dit de la Terreur, quelques-uns eurent de l'ardeur, tous furent indisci- » plinés et plus nuisibles qu'utiles aux généraux contraints de les employer. » Les uns, recrutés parmi la populace des carrefours et commandés par » des aboyeurs de places publiques, ne parurent aux armées qu'à la dernière » extrémité et forcément ; les autres, composés d'hommes de mauvaise » volonté, contraints par la réquisition, désertaient ou n'obéissaient à » personne. L'indiscipline, l'ignorance, l'outrecuidance et la lâcheté d'un » grand nombre, causèrent les revers et les désastres de 1793 en Belgique, » sur le Rhin et en Vendée. »

Encore un extrait d'un autre écrivain du métier : « Les volontaires, » recrutés dans toutes les classes de la nation, formaient une véritable

» élite. Leurs chefs, désignés par l'élection, donnaient des espérances pour
» l'avenir : quelques-uns avaient servi, beaucoup étaient des hommes
» d'action et de mérite; mais pour le moment, l'instruction et les habitudes
» militaires manquaient également aux soldats et à la plupart des officiers...
» Les premiers incidents de la guerre furent désastreux : les paniques, les
» révoltes se succédaient avec une rapidité alarmante ! Cependant, les
» régiments de ligne reprirent leur aplomb; les volontaires apprirent au
» camp de Maulde les éléments de leur nouveau métier... et la mémorable
» année 1792 s'achève au milieu de succès aussi brillants qu'inattendus ! »
(*Institutions militaires de la France*, par le duc d'Aumale, pages 56 et 57).

Je ne puis me résoudre à ne pas citer un dernier extrait où il s'agit de
l'armée du Nord (général Pichegru), car c'est dans cette armée et dans celle
de Sambre-et-Meuse (général Jourdan), que nous retrouverons la majeure
partie de nos bataillons du département du Nord. Bien entendu, ce bel éloge
s'applique à toute l'armée, soldats de la ligne ou volontaires, et l'auteur fait
loi, car c'est le général Jomini, Suisse d'origine, ancien chef d'état-major
de Berthier, puis, après 1815, aide de camp de l'empereur de Russie.

« La campagne de Hollande (1794) fait époque dans l'histoire militaire;
» d'énormes masses sont mises en action... On ne peut plus les payer
» qu'en assignats et, malgré l'extrême dépréciation de ce papier, le tarif
» de la solde reste le même ; en sorte que les militaires, dénués de tout,
» se voient plongés dans la plus extrême misère [1].

« Un patriotisme pur soutient les soldats républicains, car jamais ils ne
» coururent à la victoire plus gaiement et sans commettre moins d'excès...
» L'histoire racontera, par exemple, avec quelle résignation de paisibles
» citoyens, arrachés de leurs foyers et transformés en soldats par une loi,
» après avoir bivouaqué un mois entier dans le terrible hiver de 1794,
» sans bas, sans souliers, privés des vêtements les plus indispensables et
» forcés de cacher leur nudité avec des tresses de paille, franchirent les
» fleuves glacés et pénétrèrent enfin dans Amsterdam, sans commettre le
» moindre désordre. Cette cité, fameuse par ses richesses et qui devait
» s'attendre à moins de ménagements, vit, avec une juste admiration,
» 10 bataillons de ces braves, demi-nus, entrer triomphants dans ses murs,
» placer leurs armes en faisceaux et bivouaquer plusieurs heures sur la
» place publique, au milieu de la neige et de la glace, et attendant, sans
» laisser échapper un murmure, qu'on pourvût à leurs besoins et à leur

---

1. Le général Hugo (*France militaire*, tome 1er, page 251), dit : « Un moment, la solde men-
» suelle d'un officier ne montait pas à plus de trois francs. Pour les tirer du dénuement, on leur
» accorda, en 1795, le tiers des appointements en numéraire : un capitaine toucha alors 70 francs
» par mois. »

» casernement !... Tels furent les premiers soldats de la République :
» tous les partis leur doivent cette justice : si l'indiscipline s'introduisit
» parfois dans plusieurs corps, elle n'alla jamais jusqu'à leur faire oublier
» les lois de l'humanité. »

Quelques chiffres établis par le général Susane nous permettront « de
« saisir le véritable état moral des différentes fractions de la France ; on
» y voit de suite et éloquemment où étaient la bonne volonté et l'ordre. »

| Bataillons levés en 1791 | en 1792 | en 1793 |
|---|---|---|
| Paris | 3 | 29 | 18 |
| Jura | 7 | 5 | 0 |
| Haute-Saône | 4 | 8 | 0 |
| Vosges | 4 | 10 | 1 |
| Nord | 3 ou 4 | 18 | 11 |
| Pas-de-Calais | 3 | 6 ou 7 | 4 |

Nous ne devons pas perdre de vue que le premier appel de volontaires
se fit le 17 août 1791 et que le chiffre en fut augmenté par de nouveaux
appels en mars et mai 1792, qu'ensuite s'opéra la réquisition ou levée de
tous les hommes de 18 à 25 ans ; commencée en 1793 (an II) elle dura
jusqu'en 1799 (an VII). Puis la loi du 10 messidor an VII établit la cons-
cription qui donna les bataillons auxiliaires ou de conscrits, qui entrèrent
dans l'armée en vendémiaire an VIII ; mais leur existence, on le voit, ne
fut que de quelques mois. Il y a donc trois groupes bien distincts :

| Volontaires | Réquisitionnaires | Conscrits |
|---|---|---|
| 1791-1792 | 1793-1798 | 1799 |

L'uniforme des volontaires (qui devint ensuite celui de toute l'infanterie),
fut à peu près généralement celui-ci (c'est toujours l'habit à revers, mais
il est bleu foncé tandis qu'il est blanc dans la ligne) : le col droit et les
poignets sont rouges avec pattes blanches ; les revers sont blancs, de même
que le gilet et la culotte ; la doublure des pans de l'habit et les retroussis
sont aussi blancs ; les guêtres blanches ou noires, selon la saison et les
ressources. La capote est un luxe inconnu, aussi n'y a-t-il pas de rouleau
au-dessus du havre-sac ; le chapeau et le bicorne avec la cocarde tricolore
sous les cordons de laquelle on passe la cuiller d'étain, quand on ne la met
pas comme ornement à la boutonnière. La compagnie de grenadiers tient
à se coiffer du bonnet à poils, on voit même, dans les gravures du temps,
certains grenadiers parés des dépouilles des vaincus et portant le bonnet
à deux étages des grenadiers hongrois qu'ils ont francisé par un plumet
tricolore. Les officiers ont le même costume et le sac aussi ; leur sabre-
épée est porté en bandoulière par une buffleterie blanche ; ils sont
chaussés de demi-bottes et les heureux portent un manteau roulé de

l'epaule droite à la hanche gauche. Les chasseurs ont le même frac bleu, parfois vert, c'est surtout l'épaulette verte qui les distingue et le petit casque en cuir et cuivre à chenille noire allant du front à la nuque, coiffure spéciale des chasseurs à pied ou à cheval de l'armée de ligne, qu'adoptèrent également les premières organisations d'artillerie légère. Il y avait dans chaque bataillon un drapeau tricolore sur lequel étaient inscrits le nom du département et le numéro du bataillon.

Ces troupes avaient le courage et la bonne volonté, mais leur administration laissait fortement à désirer, elles avaient aussi certains privilèges. Il y avait nécessité de mettre de l'unité dans le service de l'infanterie où régnait toujours la division entre l'habit blanc de la ligne et l'habit bleu du volontaire. Il fallait aussi renforcer les bataillons de la ligne, qui n'avaient plus de recrutement, et en même temps donner aux volontaires la discipline et l'administration régulière de leurs aînés ; tous les généraux réclamaient avec instance la fusion.

En janvier 1793, le ministre de la guerre, le général Valence, proposa une loi qui, discutée en février, fut reprise et adoptée en janvier 1794. Elle amena ce qui fut appelé le premier amalgame, c'est-à-dire une assimilation entre tous les corps d'infanterie. Les vieux régiments donnèrent un de leurs bataillons (ils en avaient deux chacun), on y ajouta deux bataillons de volontaires et ces trois bataillons réunis sous un même numéro donnèrent naissance à la demi-brigade, terme nouveau qui n'était que l'équivalent de l'ancien nom de régiment (deux régiments, appelés maintenant deux demi-brigades), formant comme jadis la brigade d'infanterie, commandée par un officier général. Alors finirent vraiment les vieux corps dont l'existence avait été si glorieuse; Picardie, Auvergne, Navarre, passèrent dans l'histoire, et le numéro, qui n'avait jamais été autrefois qu'un ordre de préséance fort instable et très peu connu, constitua désormais l'individualité des nouveaux corps.

Reprenons l'auteur des *Institutions militaires de la France* (duc d'Aumale, déjà cité, pages 66 et 67) : « La levée en masse allait jeter dans l'armée » cinq cent quarante-trois bataillons nouveaux dont les cadres étaient » formés par l'élection. Il fallait une mesure radicale. Carnot, du Comité » de Salut public, sut la prendre et la faire exécuter [1]. D'abord les cadres » de la levée en masse furent licenciés ; officiers et sergents quittèrent » épaulettes et galons, ils furent incorporés, au même titre que leurs » subordonnés de la veille, dans les anciens bataillons de volontaires. Puis » on fit l'amalgame : anciens soldats de la ligne, volontaires de 1791 et » de 1792, réquisitionnaires de 1793, citadins ou campagnards, furent

---

1. Hâtons-nous de dire que le livre du duc d'Aumale est antérieur à 1870.

» mêlés ensemble. Lois pénales, discipline, solde, conditions de service
» furent égales pour tous. Plus de vieux noms illustres, mais les numéros
» des demi-brigades eurent bientôt aussi leur auréole de gloire. »

En même temps l'uniforme des volontaires devint celui de toute
l'infanterie, non sans quelques regrets de la part des vieux habits blancs.
Il fut conservé sans grandes modifications jusque vers 1814. Toute l'Europe
continentale, l'Egypte, la Syrie, l'Irlande, Saint-Domingue, l'ont vu tout
poussiéreux sillonner leurs routes, couvert des lauriers de la victoire.

Il y avait alors 900 bataillons disséminés sur toutes les frontières et
aux colonies. L'amalgame devait se faire dans des armées qui étaient
constamment devant l'ennemi, avec des troupes qui n'y apportaient pas
toutes du bon vouloir, et dont les effectifs s'affaiblissaient de jour en
jour par le feu, par les maladies, parfois même par les désertions, cet
amalgame s'effectua avec de grandes difficultés de 1793 à 1795. Il y eut
dans cette période de transformations inachevées jusqu'à 238 demi-brigades
réelles, alors que sur le papier on en avait trouvé 286. La différence
provenait des troupes aux colonies, de celles en Bretagne et en Vendée,
où l'amalgame n'avait pu s'effectuer.

Les motifs qui avaient rendu cet amalgame nécessaire existaient
toujours et avec plus de force que jamais. « C'était, dit le général Susane,
» une situation insensée... La force des choses vint heureusement à l'aide
» des efforts de Carnot et de ceux qui lui succédèrent après Thermidor. Il
» y eut alors une grosse désertion, puis une épuration, et il ne resta sous
» les drapeaux que ce qui était bon, c'est-à-dire les vieux soldats et ceux
» des volontaires ou réquisitionnaires qui étaient devenus des soldats.
» Mais la réduction de l'effectif fut si considerable, et en même temps si
» variable d'un corps à un autre, que l'on fut amené à détruire, après deux
» ans à peine, l'organisation première et à remanier de nouveau l'infanterie.
» Cette importante et radicale opération, qui créa les vraies demi-brigades
» de la République, celles de Neuwied, de Zurich, de Hohenlinden, celles
» de Rivoli, des Pyramides et de Marengo, a été exécutée en très grande
» partie en 1796 et terminée en 1799. Ce sont ces demi-brigades qui,
» reprenant le titre de régiment le 24 septembre 1803, ont vécu toujours
» sous le même numéro jusqu'en 1815. » (Susane, page 398, tome 1er).

L'importance de cette dernière transformation n'échappera plus à
personne, c'est le point de départ d'une nomenclature claire et précise,
qui se continue, à peu près sans interruption, depuis un siècle.

Expliquons donc comment se fit l'opération. La France avait alors sept
armées sur pied : Nord, Sambre-et-Meuse, Rhin-et-Moselle, Italie, Alpes,
Côtes de l'Océan, Intérieur. On confia à chaque général commandant
d'armée le soin de fondre les troupes et d'établir les nouvelles demi-brigades.

A cet effet chaque armée prit pour sa première demi-brigade un numéro correspondant à l'ordre ci dessus et reprit ensuite pour sa deuxième demi-brigade les numéros de sept en sept. Par exemple l'armée du Nord créa les numéros 1, 8, 15, 22 ; celle de Sambre-et-Meuse les numéros 2, 9, 16, 23 et ainsi de suite ; l'armée de l'Intérieur, terminant les séries par les numéros 7, 14, 21, 28, etc.

La force totale de l'infanterie donna alors 110 demi-brigades de ligne et 30 demi-brigades d'infanterie légère.

Nous arrêterons ici tout ce qui concerne l'infanterie. Cette arme ayant été la plus profondément modifiée à cette époque, il a bien fallu, au risque de quelques longueurs, expliquer les changements fréquents qui précédèrent son organisation définitive.

Les tableaux qui suivent seront faciles à comprendre. La lettre alphabétique rétablit l'ordre chronologique des levées : la première division établit les noms des bataillons, le nom de leur chef, la date de leur levée ; la deuxième division montre le premier amalgame de nos compatriotes avec les troupes de l'armée, avec la date où il s'opéra ; enfin la troisième division nous mène à la réorganisation définitive, en spécifiant à quelle époque et dans quelle armée elle s'effectua.

L'artillerie ne demandera que quelques lignes : « La noblesse n'étant pas » obligatoire pour être officier dans ce corps (alors qu'elle était exigée dans » les autres), l'émigration y avait fait peu de prosélytes et par suite moins » de désorganisation que dans les autres armes, aussi les modifications » n'y furent-elles bien importantes » (Général Hugo, *France. militaire*, introduction).

L'enthousiasme du moment s'y fit néanmoins sentir. « L'apparition de » l'artillerie à cheval, c'est la Révolution passant sur nos institutions » militaires, soufflant sur les vieilles idées et réalisant ce qui paraissait » impossible ; c'est l'émancipation de l'artillerie, désormais libre de ses » allures et de ses mouvements.... Un décret du 11 janvier 1792 permit » d'organiser à Metz deux compagnies sous les ordres des capitaines » Chanteclair et Barrois. Elles excitèrent un vif enthousiasme. Les batteries » prussiennes avaient une partie des servants portés sur les voitures et sur » les sous-verges Nos canonniers les imitèrent, en s'efforçant de se » procurer préférablement des chevaux ; c'étaient de médiocres cavaliers, » mais ils avaient le diable au corps et ils avaient su l'introduire de gré ou » de force dans celui de leurs charretiers. » (Général Susane, *Histoire de l'artillerie*). En un an, de 13.000 canonniers on était arrivé à en compter 20.000. Les deux batteries furent suivies de neuf, le 17 avril. Après Jemmapes trente. Une vingtaine suivirent encore : les capitaines s'y firent des réputations.

— 9 —

« Il y eut en 1793 un projet de redonner deux pièces de canon à chaque
» bataillon d'infanterie, il ne put s'exécuter... Tout ce qui avait été mis
» sur pied par les départements en dehors de l'artillerie régulière fut
» supprimé le 25 janvier 1798 (Même auteur et même ouvrage que ci-dessus).
Notre contrée n'est donc pas représentée ici par des corps spéciaux ; nos
volontaires furent répartis par toute l'arme indistinctement.

*Cavalerie.* — Notre auteur favori nous fait défaut pour les cavaliers. Il y
eut de si nombreux corps de volontaires à cheval et pour la plupart, sans
doute, d'un effectif si peu important, qu'il a renoncé à nous les donner par
origine. En outre de ces corps, on était revenu pendant un moment à un
système, déjà essayé sous Louis XV et qui avait emprunté son nom et sa
composition aux Romains : la légion qui comprenait trois ou quatre bataillons de fantassins, trois ou quatre escadrons de cavaliers et en plus quelques
pièces d'artillerie. Une fois le territoire débarrassé des invasions, on
songea là aussi à une organisation meilleure, et toutes ces troupes reprirent
place dans les groupes de l'armée. C'est en consultant ces nouvelles
créations qu'on retrouve seulement quelques traces des escadrons de
volontaires ou de réquisitionnaires, ayant eu une existence particulière et
momentanée. Ainsi nous voyons (Général Susane, *Histoire de la cavalerie*,
tome 1er, pages 114 et suivantes) qu'en 1793, trois nouveaux régiments de
dragons ayant été ajoutés aux dix-huit existants, celui qui prit le n° 19
reçut une partie des cavaliers de la légion du Nord (24 février 1793). Une
autre partie des cavaliers de cette même légion entra dans la formation de
deux nouveaux régiments de chasseurs, le 13me (5 mars 1794), le 13me *bis*
(mars 1795), qui, peu après, se fondit dans son aîné. Un 14me régiment de
chasseurs reçut le 5 mars 1794 les hussards de l'Égalité et les hussards de
la Mort. Sous le nom de hussards du Nord (appelés aussi de la Liberté, de
la Mort à cause de leur costume tout noir à tresses blanches) on avait formé
en 1792 un corps, qui fut monté avec des chevaux tirés des écuries royales
de Versailles. Ce corps eut, sans doute, quelques beaux faits d'armes à son
actif, car on en voit apparaître bientôt un second du même nom et on les
retrouve l'un et l'autre à la création de nouveaux régiments de hussards
Le 7me *bis* reçoit en 1793 des hussards de la Liberté dits 1er corps que je
crois être des Lorrains. Le 9me hussards (25 mars 1793) prend le 2me corps
hussards de la Liberté qui sont probablement ceux du Nord. Enfin le 10me
hussards (2 février 1794) absorbe les hussards noirs ou hussards francs du
Nord, qui avaient pris le surnom de hussards de Jemmapes, en raison de
leur belle conduite dans cette bataille. Le 20me dragons avait reçu des
dragons dits aussi de Jemmapes. Voilà tout ce que nous pouvons réunir de
renseignements sur ces corps de cavalerie de très courte durée.

Rappelons-nous que toute médaille a son revers. On sera sans doute curieux de voir totalisé en hommes, ce grandiose mouvement de la France rejetant l'ennemi hors des frontières. et portant, par un juste retour, la guerre chez ses envahisseurs. Empruntons alors à une brochure du commandant Quarré de Verneuil, *Recrutement de l'armée sous la Révolution et sous l'Empire*, un tableau des appels.

| | | | |
|---|---|---|---|
| | 21 février 1793 appel de. ..... 300.000 | en réalité | 300.000 |
| | 23 août 1793 levée de 18 à 25 ans 1.050.000 | » | 400.000 |
| 1799 | Conscription de l'an VII 1re classe 190.000 | » | 97.000 |
| | »  » 1re, 2e et 3e cl. 150.000 | » | 82.000 |
| | »  » sur toutes cl. 110.000 | » | 110.000 |
| 1800 | » de l'an VIII 1re cl. 33.000 | » | 33.000 |

République : appels.. ........ 1.833.000 en réalité 1.022.000 hommes.

Il faudrait ajouter l'armée qui existait avant ces appels et déduire les armées, encore nombreuses, dont disposait la France en Allemagne, en Italie, en Hollande, en Egypte, etc., au moment du Consulat.

Et pour notre édification, prenons les levées du Consulat et de l'Empire 1802-1814 et 1815 : appels 2.484.000 moins 14.000 des cohortes de 1812, en réalité 2.473.000 hommes. On peut se rendre compte de ce qu'il nous restait de soldats après Waterloo.

La fusion ainsi accomplie, tous sont les soldats de la France mais quels hommes! « Dans le rude hiver de 1794-1795 beaucoup de soldats mouraient » de faim et de froid, mais aucun des survivants ne quittait le drapeau. » Les officiers partageaient la misère et le dénuement du soldat ; ils vivaient » de la même vie frugale et pratiquaient le même désintéressement... » Chacun se croyait récompensé quand le numéro de sa demi-brigade était » mentionné au *Moniteur*. Barrère à la tribune ! criait-on gaiement au » moment où battait la charge, car c'était Barrère qui lisait à la Convention » les bulletins de nos victoires.» (*Institutions militaires de la France*, par le duc d'Aumale).

Il est utile de rappeler aux sceptiques que ce livre du duc d'Aumale a été écrit en 1866, alors qu'il n'était pas prudent de plaindre trop haut les exilés ; j'insiste, car c'est encore à lui que je vais emprunter l'hommage que nous devons à ceux qui accomplirent cette réorganisation de nos armées, on ne peut parler mieux que lui : « Tels sont les progrès accomplis sous » l'administration de Carnot. Tout n'était pas exclusivement son œuvre, » mais il eut le mérite de faire exécuter partout ce qui avait été tenté avec » succès sur quelques points, et d'étendre à tous le bénéfice de l'expérience » de quelques-uns. Dans cette œuvre immense, commencée au milieu des » défaites, ébauchée en quelques jours, menée à bonne fin en quelques » mois, il fut assisté par Robert Lindet et par Prieur (de la Côte-d'Or).

» son ancien camarade du génie ; à eux trois, ils formaient, au milieu du
» redoutable Comité de Salut public, le groupe des travailleurs. Le 4 mars
» 1795, Carnot devant la Convention put résumer ainsi les résultats d'une
» administration de 18 mois (qui est aussi en même temps le bilan glorieux
» des combattants qui nous sont chers) : 27 victoires dont 8 en bataille
» rangée, 120 combats, 80.000 ennemis tués, 91.000 faits prisonniers,
» 116 places fortes prises dont 36 sièges ou blocus, capturé 3.800 bouches à
» feu, 70.000 fusils, 1.900 milliers de poudre et 90 drapeaux. En descendant
» de la tribune Carnot sortit du Comité de Salut public. Un mois après il
» passa chef de bataillon *à l'ancienneté;* il était capitaine du génie et
» chevalier de Saint-Louis avant la Révolution. » *(Institutions militaires
de la France,* p. 78.)

Quand on revoit ainsi, sans préjugés, ce qu'étaient ces hommes, grands
ou petits, des armées de la Révolution française (dont on médit beaucoup,
parce qu'on la connaît trop peu), on sent le cœur se gonfler d'orgueil
national et s'attendrir de reconnaissance. Ils avaient juré de rendre la
France une et indivisible et ils tinrent leur serment sans faiblir, car c'est
ainsi qu'ils nous l'ont léguée !.. Si des événements ont depuis cruellement
atteint cette vieille devise, songeons que les hommes passent et que les
nations restent. Le patriotisme étant encore une des meilleures institutions
militaires, montrons à nos enfants le dévouement et la grandeur de nos
aïeux dans ces moments terribles, afin que tous les cœurs raffermis et fiers
se trouvent toujours prêts à tous les sacrifices : pour l'honneur et pour la
patrie.

A. DEFRANCE.

*18 juin 1890.*

**Tableau I. — LE DÉPARTEMENT DU NORD DANS LA DÉFENSE NATIONALE, 1791-1795** d'après les tableaux du général Susane (Histoire de l'ancienne Infanterie française.)

| | N° | DÉSIGNATIONS | CHEFS | DATES DE FORMATION | FUSION AVEC LES ANCIENS RÉGIMENTS DE LIGNE | FORMANT AINSI LES NOUVELLES 1/2 BRIGADES PORTANT LES NUMÉROS | DATES DE CETTE PREMIÈRE TRANSFORMATION | 1/2 BRIGADES DE LA DEUXIÈME TRANSFORMATION | DATES DE CRÉATION | ARMÉES OÙ ELLES SE TROUVAIENT ALORS |
|---|---|---|---|---|---|---|---|---|---|---|
| B | 1er | | Désenfans. | 1er sept. 1791 | Il fut probablement envoyé en | | Vendée | 36e 1/2 brig. légère | 3 janvier 1796. | Côtes de l'Océan |
| C | 2e | | Lepoutre. | 1er sept. 1791 | Il servit sans doute sans être amalgamé à | | d'autres corps. | 18e 1/2 brig. de ligne | février 1796. | Armée du Nord |
| A | 3e | | Cardon. | 20 août 1791 | 1er b. de Navarre | 1. 1/2 brig. de lig. | 21 décembre 1794 | 163e 1/2 brig. de lig. | 7 mai 1796. | Sambre-et-Meuse |
| F | 1er | dit de Lille. | Debachy. | 3 août 1792 | 2e b. de la Couronne | 86e 1/2 brig. de lig. | vers déc. 1794 | 13e 1/2 brig. de ligne | 21 août 1795. | Alpes. |
| I | 2e | dit de Bergues et de Dunkerque | Cattoir. | 8 sept. 1792 | 1er bat. de Poitou | 89e 1/2 brig. de lig. | vers déc. 1794 | 13e 1/2 brig. de ligne | 21 nov. 1796. | Côtes de l'Océan |
| Q | 5e | | Roy | 8 octobre 1792 | 1er bataillon de Bouillon. | 17e 1/2 brigade de ligne. | 12 mars 1795 | 2e 1/2 brig. de ligne | 17 février 1796. | Sambre-et-Meuse |
| | | | | | | | | 30e 1/2 brig. de ligne | 19 février 1796. | |
| | | | | | | | | 67e 1/2 brig. de ligne | 5 mai 1796. | |
| O | 6e | | — | 28 sept. 1792 | 2e Royal Deux Ponts | 17e 1/2 brig. de l. | 20 décembre 1794 | 17e 1/2 brig. de ligne | 10 février 1796. | Rhin-et-Moselle |
| V | 6 bis | ou chass. du Nord. | Deschamps. | 6 février 1794 | Chas. Meuse et Rhin | 20e 1/2 brig. lég. | en 1794 | 36e 1/2 brig. légère | 30 juin 1796. | id. |
| W | 6 bis | ou 1er de Cambrai. | Goris. | 6 février 1794 | Il fut probablement envoyé en | | Vendée | 36e 1/2 brig. légère | 3 janvier 1796. | Côtes de l'Océan |
| P | 7e | ou 2e de Cambrai. | Mallet. | 6 octobre 1792 | 1er bat. volont. de l'Yonne | 1/2 brigade dite de l'Yonne | 3 juin 1795 | 16e 1/2 brig. de ligne | 20 février 1796. | Sambre-et-Meuse |
| | | | | | | | | 67e 1/2 brig. de ligne | 5 mai 1796. | |
| R | 8e | ou 3e de Cambrai. | Moreau. | 21 octobre 1792 | Avec vol. Doubs, Oise, Strasbourg | 204e brigade dite de bataille. | vers juin 1795 | 16e 1/2 brig. légère | 26 février 1796. | id. |
| | | | | | | | | 97e 1/2 brig. de ligne | 13 février 1796. | Rhin-et-Moselle |
| | | | | | | | | 60e 1/2 brig. de ligne | 13 avril 1796. | |
| S | 14e | ou de Douai. | Gaspard. | 24 octobre 1792 | 1er bat. Royal Suédois. | 161e 1/2 brigade de ligne. | 19 juillet 1791 | 9e 1/2 brig. de ligne | 1er avril 1796 | Sambre-et-Meuse |
| | | | | | | | | 172e 1/2 brig. de ligne | 20 février 1796. | |
| N | — | 1er de Valenciennes. | — | 16 sept. 1792 | 2e bat. de Foix. | 154e 1/2 brig. de l. | 25 avril 1795 | 16e 1/2 brig. légère | 26 février 1796. | Rhin-et-Moselle |
| Z | — | 2 de Valenciennes. | Fairy. | 25 mai 1793 | | | | 30e 1/2 brig. de ligne | 22 octobre 1796. | Côtes de l'Océan |
| J | — | 1er de Saint-Amand. | Dengreaux. | 8 sept. 1792 | Ces 4 bataillons furent sans doute en- | | voyés en Vendée | 7e 1/2 brig. légère | 13 octobre 1797. | id. |
| D | — | 2e de Saint Amand. | Thierri. | 20 juin 1792 | | | | 28e 1/2 brig. de ligne | 22 mai 1797. | id. |
| X | — | Chas. M. des Chats. | Deryc. | 17 février 1793 | | | | 24e 1/2 brig. légère | 4 octobre 1796. | id. |
| U | — | Chass. du Hainaut. | Dubesme. | 15 janvier 1794 | Div. corps et bat. T. | 32e 1/2 brig. lég. | 15 décembre 1794 | 17e 1/2 brig. légère | 19 avril 1796. | Italie. |
| c d | — | Chass. Mont Cassel. | Lauvray. | 11 sept. 1794 | Ch. d Gardes franc. | 11 1/2 brig. lég. | 20 avril 1795 | 1er 1/2 brig. légère | 28 février 1796. | Nord. |
| o f | 9 bis | 1er District de Lille. | — | 16 sept. 1793 | | | 1er janvier 1794 | | | |
| g h | — | 3 District de Lille. | — | 16 sept. 1794 | 1er bat. Picardie 2e 3e de Lille. | 3e 1/2 brigade du ligne. | | 4e 1/2 brig. de ligne | 19 février 1796. | id. |
| i j | — | 2e District de Lille. | — | 16 sept. 1794 | | | | | | |

**OBSERVATIONS**

*Première.* — On ne trouve la mention [illegible] d'Avesnes ou de Maubeuge du sud du département : à moins que les bataillons B C A ne soient de ces contrées. Cependant le nom de chef du bataillon C n'indique-t-il pas Bordais ou Tournay ?

*Deuxième.* — Cinq bataillons ne figurent pas au premier amalgame : ce même six puisque le bataillon C ne se trouve au Premier du Nord qu'en février 1795 [illegible] avait en mai 1793 a[illegible] envoyés à Orléans et à Chaumont de [illegible] réquisitionnaires, tirés des armées du Nord et des Ardennes, pour [illegible] combattre en Vendée. On retrouve [illegible] ces [illegible] cinq bataillons B Z J D X dans l'armée des Côtes de l'Océan [illegible] après la pacification des provinces de l'Ouest. Il est certain qu'ils combattirent [illegible] réquisitionnaires dans cette armée envoyée en Vendée.

*Troisième.* — Les régiments de ligne et les chasseurs à pied de l'infanterie légère de l'amalgame [illegible], n'[illegible] pas ainsi [illegible] qu'en certain nombre de demi-brigades. Les volontaires et gardes nationaux en excède et forment pour cette suite d'autres demi-brigades, tels [illegible] pour ces bataillons les lettres V P R U E L T Y.

*Quatrième.* — En consultant ces tableaux on verra que le nom de ces bataillons est parfois [illegible], comparé [illegible] à leur date de création. Par exemple le premier de Cambrai [illegible] n'est mis suite [illegible] les deuxième et troisième (W P R). De même aussi pour Saint-Amand ou le n° 2 devance le n° 1 D J, Soissons en passant le diocèse de Saint-Amand qui, tout petit qu'il est, mit sur les armes deux bataillons en trois mois !

*Cinquième.* — Au moment de la réorganisation définitive, voici où se trouvaient les bataillons du département du Nord :
5 bat. [illegible] armée Sambre-et-Meuse
[illegible] du Nord.
[illegible] Rhin-et-Moselle.
[illegible] de l'Intérieur.
[illegible] des Côtes de l'Océan.

**Tableau II.** — LE DÉPARTEMENT DU NORD DANS LA DÉFENSE NATIONALE, 1791-1795, d'après les tableaux du général Susane (Histoire de l'ancienne Infanterie française.)

| | No | BATAILLONS DE VOLONTAIRES ET DES RÉQUISITIONS (Août 1791, mars et mai 1792 levée générale janvier 1793) | | | PREMIER AMAL. AVEC LES RÉGIMENTS DE | | GAME L'ARMÉE | RÉORGANISATION DÉFINITIVE | | | OBSERVATIONS |
| | | DÉSIGNATIONS | CHEFS | DATES DE FORMATION | FUSION AVEC LES ANCIENS RÉGIMENTS DE LIGNE | FORMANT AINSI LES NOUVELLES 1/2 BRIGADES PORTANT LES NUMÉROS | DATES DE CETTE PREMIÈRE TRANSFORMATION | 1/2 BRIGADES DE LA DEUXIÈME TRANSFORMATION | DATES DE CRÉATION | ARMÉES OÙ ELLES SE TROUVAIENT ALORS | |
|---|---|---|---|---|---|---|---|---|---|---|---|
| k | 1 | — Bataillon de Dunkerque ou de la Marine. | Bischopp. | Pas de date. | | Ce bataillon affecté à la Saint-Domingue | marine partit sans doute aux colonies protectrey où il disparut. | | | | Vu la nécessité de bâtir la défense du territoire, les volontaires en grande nombre … |

Total : 23 bataillons.

| | | | | | | | | | | | |
|---|---|---|---|---|---|---|---|---|---|---|---|
| E | | Mais on trouve en outre d'autres troupes, deux bataillons, légion du Nord, chef Saint-Georges, du 20 juin 1792 ; elle paraît avoir eu de glorieux états de service car l'*Histoire de l'Armée* la nomme Légion d'Honneur. | | | Avec divers corps. | 5ᵉ bis légère. | 1ᵉʳ Juillet 1795. | 53ᵉ 1/2 brigade de ligne. | 24 février 1796. | Intérieure. | |
| D | 1ᵉʳ | Bat. chasseurs francs du Nord. | Imbert. | Avril 1792. | Il semble qu'il aurait fusionné avec le 2ᵉ qui le suit. | | | 24ᵉ 1/2 brigade légère. | 5 octobre 1794. | Côtes de l'Océan. | |
| K | 2ᵉ | Bat. chasseurs francs du Nord. | — | 15 sept. 1792. | | | 19 juin 1795. | 15ᵉ 1/2 brigade légère. | 9 avril 1795. | Armée du Nord. | |
| L | 3ᵉ | Bat. chasseurs francs du Nord. | dit du Petit Caporin. | 15 sept. 1792. | Avec le 5ᵉ ci-dessous **Y.** | 1/2 brigade de tirailleurs. | 15 décembre 1794. | 17ᵉ 1/2 brigade légère. | 16 avril 1795. | Armée d'Italie. | |
| T | 4ᵉ | Bat. chasseurs francs du Nord. | — | 11 novembre 1792 | Avec divers corps et le 3 ci-dessous **U.** | 36ᵉ 1/2 brigade légère. | 1ᵉʳ juin 1795. | 18ᵉ 1/2 brigade légère. | 9 avril 1795. | Armée du Nord. | |
| Y | 5ᵉ | Bat. chasseurs francs du Nord. | — | 18 avril 1795. | Avec le 3ᵉ ci-dessous **L.** | 1/2 brigade de tirailleurs. | | 16ᵉ 1, 2 brigade légère. | 26 février 1796. | Rhin-et-Moselle | |

### CORPS FRANCS

| | | | | | | | | | | | |
|---|---|---|---|---|---|---|---|---|---|---|---|
| H | 5ᵉ | 1ᵉʳ de chasseurs de l'armée du Nord. | | 20 août 1792. | | | | | | | |
| M | | Compagnie franche de Vandamme. | | septembre 1792. | Elle aura servi de noyau pro-chasseurs du Mont des | | également aux Clairs **X.** | | | | |
| M bis | | Compagnie franche de Mormal. | | Pas de date. | Elle entre le 11 novembre 1792 bataillon de chasseurs | | dans le 1ᵉʳ francs **T.** | | | | |
| G | 9ᵉ et 10ᵉ | Compagnies franches armées du Nord. | | 13 août et 1ᵉʳ septembre 1792. | | | | | | | |

Total : vingt-trois bataillons plus haut et environ neuf ci-dessus, le département du vingt-cinq mille hommes. Sur ce nombre trois bataillons sont de 1791, dix-huit (Dunkerque) mais il a dû être levé en 1791. A remarquer que les deux corps **H.** et ... guises franches, peuvent fort bien ne pas avoir été créés par des contingents du ... Peut être les cinq bataillons de chasseurs francs du Nord se sont-ils formés dans l'armée du Nord qui les a fournis.
On est heureux de ne trouver nulle part aucune mauvaise mention à la charge de ... trop de vieillards et d'enfants, mais c'est au moment où il s'apprête à déserter.

Nord aurait fourni à peu près trente-deux bataillons, vingt à ... bataillons de 1792, dix bataillons de 1793, un bataillon sans date ... département du Nord et **G.** 9ᵉ et 10ᵉ compagnies ... du Nord, mais il y a probabilité que c'est le département ... bataillons du Nord. — Dunanoter se plaint qu'on lui envoie ...

**Tableau III. — LE DÉPARTEMENT DU PAS-DE-CALAIS DANS LA DÉFENSE NATIONALE, 1791-1795 (d'après les tableaux du général Susane (Histoire de l'ancienne Infanterie française).**

| | BATAILLONS DE VOLONTAIRES ET DES RÉQUISITIONS (Août 1791, mars et mai 1792 (levée générale) janvier 1793) | | | | PREMIER AMALGAMA avec les régiments de | | ME L'ARMÉE | RÉORGANISATION DÉFINITIVE | | | OBSERVATIONS |
|---|---|---|---|---|---|---|---|---|---|---|---|
| | NUMÉROS | DÉSIGNATIONS | CHEFS | DATES DE FORMATION | FUSION AVEC LES ANCIENS RÉGIMENTS DE LIGNE | FORMANT AINSI LES NOUVELLES 1/2 BRIGADES PORTANT LES NUMÉROS | DATES DE CETTE PREMIÈRE TRANSFORMATION | 1/2 BRIGADES DE LA DEUXIÈME TRANSFORMATION | DATES DE CRÉATION | ARMÉES OU VILLES OÙ ELLES SE TROUVAIENT ALORS | |
| A | 1er | | — | 25 sept. 1791. | 1er b^on de Forez. | 27e 1/2 brig. de lig. | 26 décembre 1793. | 2?e de ligne. | 12 février 1796. | Sambre-et-Meuse | |
| B | 2e | | Basteul-Beauvariet. | 25 sept. 1791. | 1er bataillon d'Auxerrois. | 28e 1/2 brig. de lig. | 21 décembre 1793. | 62e de ligne. | 5 mai 1796. | id. | |
| C | 3e | | — | 25 sept. 1791. | Ce b^on disparu aux colonies. | — | — | — | — | — | |
| D | 4e | | .. | 28 janvier 1791. | Dans cet amalgame on ne trouve pas de trace de ces deux b^ons | — | — | Partie 59e de lig. / Partie 21e de lig. | 21 mars 1796. / Septemb. 1796 | Nord. / Intérieure. | |
| E | 5e | | . | 11 sept. 1792. | ils servirent isolés. | — | — | 39e de ligne. | 20 février 1796. | Nord. | |
| F | 6e | N'est-il pas de Béthune à cause du nom ? | Godrot. | 21 octobre 1791. | Avec le b^on K et un b^on de Paris. | 199e [illegible] Pas-de-Calais | 3 juillet 1796. | 79e de ligne. | 25 janvier 1797. | Rhin-et-Moselle. | |
| G | 7e | | Parant. | 25 octobre 1791. | Avec volontaires Allier et Manche. | 1/2 brig. de l'Allier | 5 janvier 1791. | 27e de ligne. | 22 sept. 1796. | Côtes de l'Océan | |
| K | 8e | | Trébout. | 1 nov. 1792. | Voir le 6e F ci-dessus. | 199e [illegible] Pas-de-Calais | 3 juillet 1795. | 79e de ligne. | 25 janvier 1797 | Rhin-et-Moselle. | |
| J | 9e | | — | 2 nov 1792. | b^on des gardes françaises. | 85e 1/2 brig. de lig. | Vers juin 1795. | 40e de ligne. | 2 sept. 1797. | Côtes de l'Océan | |
| L | 10 | | Petrinck. | 26 janvier 1791. | Avec vol. Seine-Inférieure et Calvados. | 4e 1/2 brig. de Seine-Inf. | 18 août 1791. | 1?e de ligne. | 5 avril 1796. | Intérieure. | |
| O | — | 3e d'Arras. | Dubois. | 22 sept. 1793. | Il fut sans doute à la formation d'Orléans. | — | — | 5?e de ligne. | 19 février 1797. | Côtes de l'Océan | |
| M | — | 2e de St-Pol. | Delnove. | 13 sept. 1793. | Même observation que pour bataillon O. | — | — | 80e de ligne. | 26 nov. 1796. | id. | |
| N | — | 1er de réquisition de St-Omer. | .. | 15 sept. 1791. | 2 b^ons Auxerrois | 21e 1/2 brig. de lig. | [illegible] décembre 1793 | 63e de ligne. | 14 février 1796. | Sambre-et-Meuse | |
| | | Corps Francs | | | | | | | | | |
| H | | C^ie franche d'Arras. | — | 31 octobre 1792. | | | | | | | |
| I | | C^ie franche de Béthune | — | 30 déc. 1792. | | | | | | | |

Observations :

*Première.* — Les indications de districts [illegible] pour les dix premiers bataillons.

*Deuxième.* — Le bataillon n° 3 disparaît. C'est probablement celui de Boulogne [et] Calais qui passe à la marine.

*Troisième.* — Les bataillons D E O M servirent isolément à l'armée [...] la Vendée, [illegible], leurs [illegible] se [illegible] uniquement, et les réorganisations en commun [illegible] l'armée des Côtes de l'Océan.

*Quatrième.* — [illegible] les vieilles troupes sont [illegible] de vol., [illegible] se trouvent composés de volontaires les bataillons **F G K N**.

*Cinquième.* — Ici aussi il y a lieu de recourir aux listes de St-Pol et pour [illegible] et ses dépendances.

*Sixième.* — A la réorganisation [illegible] individuelles [illegible] tous les bataillons du Pas-de-Calais :
Armée de Sambre-et-Meuse 2 batail.
» du Nord [illegible]
» Rhin-et-Moselle [illegible]
» de l'Intérieur [illegible]
» des Côtes de l'Océan [illegible]

Dans l'Histoire de l'Armée (Susane), je trouve en outre, à propos du Pas-de-Calais, un bataillon auxiliaire qui serait entré à la 23e demi-brigade de ligne et un bataillon de chasseurs (?) incorporé à la 12e légère, mais je n'en ai pas trouvé les origines.